우리 시대 현대시조 100인선 11

개화(開花)

이 호 우

태학사

우리 시대 현대시조 100인선 11

개화(開花)

초판 인쇄 2000년 12월 28일 • 초판 발행 2001년 1월 1일 • 지은이
이호우 • 펴낸이 지현구 • 펴낸곳 태학사 • 주소 서울시 서초구 서초
2동 1357-42 • 전화 (02) 584-1740 (代) • 팩스 (02) 584-1730 • e-mail
thaehak4 @chollian.net • http://www.thaehak4.com • 등록 제22-1455호

ISBN 89-7626-596-3   04810 • ISBN   89-7626-507-6   (세트)

값 5,000 원

☞ 파본은 구입한 곳이나 본사에서 바꾸어 드립니다.

김순남 여사와
결혼식 때의 모습
(1934)

박영균, 이설주 시인 등 향토 문인들과 함께(1956, 동촌)

영남시조문학회 회원들과의 야유회에서

대구 앞산에 있는 시비 (1972년 제막)

차례

제1부 삼불야(三弗也)

익음	13
추사(秋思)	14
짐승 되어	15
아폴로 8호에	16
가람선생(先生) 영전(靈前)에	17
섬어(譫語)	19
개화(開花)	20
삼불야(三弗也)	21
비키니 섬	22
꽃샘	23
회상(回想)	24
난로(暖爐)	25
진주(眞珠)	26
가로수(街路樹)	27
낙엽(落葉)·2	28
모(暮)	29
낙후(落後)	30
별	31
상실(喪失)	32

애정(愛情) 33
칠석(七夕) 34

제2부 휴화산(休火山)

추석(秋夕) 37
곰 38
만사(輓詞) 39
또다시 새해는 오는가 40
학(鶴) 41
단풍(丹楓) 42
사슴 43
묘비명(墓碑銘) 44
염불(念佛) 45
나의 별 46
저녁 어스름 47
한일(閑日) 48
춘한(春恨)·2 49
단층(斷層)에서 50
오(午) 51

휴화산(休火山)	52
맥령(麥嶺)	53
낙목(落木)	54
발자욱	55
손길	56
환(幻)	57

제3부 청우(聽雨)

청우(聽雨)	61
문(門)	62
겨울	63
가을	64
정좌(靜坐)	65
영위(營爲)·1	66
하(河)	67
매화(梅花)	68
난(蘭)	69
국화(菊花)	70
죽(竹)	71

송(松)	72
목련(木蓮)	73
은행나무	74
모과(木瓜)	75
석류(石榴)	76
코스모스	77
진달래	78
무화과(無花果)	79
연(蓮)	80
달맞이꽃	81

제4부 달밤

나무	85
여상(旅床)	86
비원(悲願)	87
영위(營爲)·2	88
유성(流星)·2	89
그네	90
세월	91

이룸	92
청추(聽秋)	93
깃발(旗)	94
바람벌	95
이단(異端)의 노래	96
봄은 한 갈래	97
너 앞에	98
영어(囹圄)	99
달밤	100
밤길	101
첫 설움	102
금	103
살구꽃 핀 마을	104
수평선(水平線)	105
해설 이호우의 시세계 · 김인환	107
이호우 연보	121
참고문헌	124

제1부 삼불야(三弗也)

익음

잠을 잃고 듣는 빗소리
지구(地球)도 하나 낙도(落島)

납빛 지겨운 하루
50년은 수유(須臾)였네

투닥, 또 모과(木瓜)가 듣나보다
지는건가 익음이란

(『낙강』 3집, 1969. 10)

추사(秋思)

어쩌자고 서녘 바람이
밤새워 창(窓)을 흔들고

달빛 고인 가슴에
너의 낱낱 낙엽(落葉) 쌓이네

잊은냥 돌처럼 잊은냥
백발(白髮)토록 견딜 날을

                (1969. 12. 18. 作.『매일신문』, 1970. 1. 11. 발표)

짐승 되어

이미 나는 노예(奴隷) 생살(生殺)마자 맡겨졌거늘
미치겠네, 무엇이 덜 차 저 기계(機械)들 이가는 소리
갈꺼나 아프리카로 갈꺼나 원시림(原始林)의 짐승되어

「살어리 살어리랏다 청산(靑山)에 살어리랏다
 머뤼랑 다래랑 먹고 청산(靑山)에 살어리랏다」
 - 푸르게 태어난 목숨 푸르러이 살라랏다.

(『현대시학』, 1969. 7)

아폴로 8호에

신(神)은 가관타하랴 소굽질로 귀엽다 보랴
달로의 비행(飛行)이란들 은하계(銀河系)서도
바늘귀 공간(空間)
가인(佳人)은 범(犯)하지말듯 저 달 그냥 두거라.

(『현대시학』, 1969. 7)

가람선생(先生) 영전(靈前)에

애서(愛書) 음시(吟詩)로
매화(梅花) 난초(蘭草) 기르시며

이 땅의 선비 길을
끝내 지키시다

추명(秋明)을 학(鶴) 날아가듯
기어(期於) 떠나 가셨니까.

해타(咳唾)에 접(接)해 삼십년(三十年)
달리 아껴 주셨는데

누우셔 십년(十年)이 넘도록
가 뵈옵지 아니코는

이날에 슬픔은 내가
미워 그지 없습니다.

언제던가 오시어서
써 두신 「난초」의 시(詩)

이젠 속절없는
유묵(遺墨)이 되오리까

난향(蘭香)이 풍기던 그 체취(體臭)
묵향(墨香)에 맡아 봅니다.

하루면 가는 익산(益山)인데
우송코 만 졸시집(拙詩集)을

반겨 어루만지며
보고싶어 하시다드니

이 회한(悔恨), 뒷길이어서
가실밖에 없습니다.

(『월간문학』, 1969. 2)

섬어(譫語)

여울물 흐르다 문득
철렁 한번 뛰는 물결

밑도 끝도 없이
돌다 마는 돌개바람

인간사(人間事) 또한 그런것
아닐는가 싶으네

(1968. 2. 3. 作.『현대문학』, 1968. 6)

개화(開花)

꽃이 피네 한 잎 한 잎
한 하늘이 열리고 있네

마침내 남은 한 잎이
마지막 떨고 있는 고비

바람도 햇볕도 숨을 죽이네
나도 아려 눈을 감네.

(『현대문학』, 1962)

삼불야(三弗也)

『一九六六年 一월 一二일, 중앙일보 越南現地報道. <베트콩>과 최전방에서 싸우는 사병들은 하루에 一弗. 청룡부대 K하사가 <캄란>에 상륙한 지 사흘만에 죽었다. 부대 재무관은 고향으로 돌아가는 K하사의 유해 위에 三弗을 올려 놓고 눈물을 뿌렸다. 사흘 복무했으니 三弗이 나왔던 것이다.』

무슨 업연(業緣)이기
먼 남의 골육전(骨肉戰)을

생때 같은 목숨값에
아아 던져진 삼불(三弗) 군표(軍票)여

그래도 조국(祖國)의 하늘이 고와
그 못감고 갔을 눈.

(『현대문학』, 1966. 1)

비키니 섬

방향 감각(方向 感覺)을 잃고
헤매다간 숨지는 거북

끝내 깨일 리 없는
알을 품는 갈매기들

자꾸만 그 <비키니>섬이
겹쳐 뵈는 산하(山河)여.

(1966. 1. 作. 『현대문학』, 1966. 10)

꽃샘

어데쯤 해는 돋길래
저 수평선(水平線) 설레는 물살

너만이 나의 봄을
넌 끝내 거기 피는가

꽃샘은 차라리 바람해
미칠 수나 있어라.

(1967. 3. 14. 作. 『현대문학』, 1967. 9)

회상(回想)

몹시 추운 밤이었다
나는 「커피」만 거듭하고

너는 말없이 자꾸
성냥개비를 꺾기만 했다

그것이 서로의 인생의
갈림길이었구나.

난로(暖爐)

오랜 매몰(埋沒) 돌로 굳었던
태고(太古) 창림(蒼林)의 호흡(呼吸)이

이글이글 되살아 타는
불길을 견디는 난로(暖爐)

내 끝내 백발(白髮)로 달래어도
못 닫고 마는 가슴이여.

(1967. 2. 作.『현대문학』, 1967. 9.『한국시조선집』, 1967)

진주(眞珠)

배앝아도 배앝아도
돌아드는 물결을 타고

어느새 가슴 깊이
자리잡은 한 개 모래알

삭이려 감싸온 고혈(膏血)의
구슬토록 앓음이여.

가로수(街路樹)

푸른 숲 새소리 물소리
그 달빛 다 여의고

이형(異形)의 수혈(輸血)로 하여
발작(發作)한 거리에서

아직은 감촉(感觸)은 지온(地溫)을
믿어 보는 가로수(街路樹)

(1966. 4. 作. 『시문학』, 1960. 8)

낙엽(落葉)·2

어린 싹들이
가지 이뤄 자리잡고

송이 송이 피었던 꽃들
열매 다 염글었도다

푸르게 생애(生涯)를 다 하고
낙엽(落葉)이여 지는가.

모(暮)

저마다 건드려 보곤
바람처럼 스쳐간 나날

언제나 남을 살듯
외면해 버린 세월

어느덧 지명(知命)의 나이
엷어가는 저녁 놀.

       (1962. 6. 作(대전). 『자유문학』)

낙후(落後)

굳은비 젖은 낙엽(落葉)을
흙발들이 밟고 간다.

철을 여읫다손들
저리 밟혀 말없긴가

나 인양 낙엽(落葉)이 미워라
와락 나도 밟고 간다.

(1966. 7. 作.『정형시』2집)
* 『현대시조』창간호(1970. 6)에는 '非時'로 실려짐

별

이 밤도 잠들지 못하고
하 저리 깜박이는 별들

차마 못감고 간
그 눈들을 생각는다

언젠가 나의 눈망울은
어디메서 떨련가.

상실(喪失)

고향도 고향 아니고
조국(祖國)이 멀어간 날

서로 사랑은커녕
미워할 미련(未練)도 없는

통곡도 다 못할 상실(喪失)이
슬프잖아 설워라.

(1966. 11. 20 作.『시조문학』15집, 1967. 3)

애정(愛情)

너는 지우라지만
내가 어이리오

쓸어도 쓸어내도
눈 내리듯 쌓이는 정(情)을

이 목숨 휩싸 갈 바람
그날 하냥 하려니.

칠석(七夕)

어이해 이룬 밤인데
하마 저 닭우는 소리

비록 뼈를 저며도
해마다의 기약(期約)임을

너와 날 갈라논 강은
오작(烏鵲)마자 없어라.

제2부 휴화산(休火山)

추석(秋夕)

- 언제나 가셔지려나 三八線 壁은

이 가을도 조상(祖上) 앞에
한 자리 못 하는 형제

한 얼굴 강산(江山)이요
하나로 둥근 달을

만고(萬古)에 섦다는 은하(銀河)엔
칠석(七夕)이나 있어라.

(1967. 9. 18. 作. 『한국시조선집』, 1967)

곰

눈 감으면 선해 오는
지워도 가시잖는

호(胡)광대 꽹과리에
어설피 재주턴 그 곰

조국(祖國)은 달무리처럼
희끄므레 떠 있고

(『현대문학』, 1966. 4)

만사(輓詞)

― 곡, 백농선생(哭, 白農先生) (1959)

차라리 원수 앞엔 이겨 피던 해바라기
도루 찾은 이 하늘에 동은 아직 트지 않고
도리어 버림 속에서 외로 지고 말다니.

험한 가시길을 평생을 앞장 서서
영광은 겨레에 돌리고 어려움만 져 왔거늘
떠나는 이 날에 마자 눈 못 감게 하다니.

상기도 어두운 바다 조각배 물결은 높은데
외로이 남았던 등대(燈臺) 또 하나 꺼져만 가는가
뿌린 씨 꽃피는 그날에 거듭 한번 오소서.

또다시 새해는 오는가

빼앗겨 쫓기던 그날은 하그리 간절턴 이 땅
꿈에서도 입술이 뜨겁던 조국(祖國)의 이름이었다
얼마나 푸른 목숨들이 지기조차 했던가.

강산(江山)이 돌아와 이십년 상잔(相殘)의 피만 비리고
그 원수는 차라리 풀어도 너와 난 멀어만 가는
아아 이 배리(背理)의 단층(斷層)을 퍼덕이는 저 깃발(旗).

날로 높는 주문(朱門)들의 밟고 선 밑바닥을
「자유」로 싸맨 기한(飢寒) 낙엽마냥 구르는데
상기도 지열(地熱)을 믿으며 씨를 뿌려 보자느뇨.

또 다시 새해는 온다고 닭들이 울었나보네
해바라기 해바라기처럼 언제나 버릇된 기다림
오히려 절망(絶望)조차 못하는 눈물겨운 소망이여.

(『문학춘추』, 1966. 1)

학(鶴)

날라 창궁(蒼穹)을 누벼도
목메임은 풀길 없고

장송(長松)에 내려서서
외로 듣는 바람소리

저녁 놀 긴 목에 이고
또 하루를 여위네

단풍(丹楓)

져서 더욱 피는
생명의 길 앞에서

차라리 아낌없이
저렇게도 잎 잎들은

스스로 몸들을 조아
남은 피를 뿜고 있다.

사슴

남아 난 산(山)과 초원(草原)
그나마 풀만 뜯어

뉘와도 걸림 없어
오히려 외로움을

솔바람 잎 지는 소리에도
귀를 세워 삶이여

(『현대문학』, 1966. 4)

묘비명(墓碑銘)

여기 한 사람이
이제야 잠 들었도다

뼈에 저리도록
인생(人生)을 울었나니

누구도 이러니 저러니
아예 말하지 말라.

(『현대문학』)

염불(念佛)

눈을 감고 앉아
염주(念珠)를 세는 노승(老僧)

부처의 손길은 오직
스스로가 느끼는 것

낙도(落島)와 같은 생애(生涯)를
내 시조(時調)는 나의 염불.

(1966. 12. 25. 作.『경북예총』, 1967.『한국시조선집』, 1967)

나의 별

나의 육신(肉身)을 걸림에
나를 마저 잃어 버리고

차라리 짐승이 부러워
산(山)을 보고 섰네

아직도 엇도는 하늘
외면(外面)는가 내 별은.

저녁 어스름

초(抄)를 하루로 살아도
다 못할 노여(老餘)의 날을

그 금싸락 오늘도 또
오욕(汚辱)으로 저무는가

차라리 어서 밤이나 되라
아아 이 저녁 어스름.

(『자유문학』)

한일(閑日)

실바람 가지 끝에
서성대듯 살아 온 날

이슬의 무게에도
꽃잎 지듯 돌아 갈 날

비(虛)는 맘 허전히 겨운데
「소심(素心)」* 새촉이 틋네.

* 소심(素心) : 소심란(素心蘭)

춘한(春恨)·2
― 아아 삼팔선(三八線)

두견이 운 자국가
피로 타는 진달래를

약산 동대(藥山 東臺)에도
이 봄 따라 피었으리

꽃가룬 나들련마는
촉도(蜀途)보다 먼 한 금.

단층(斷層)에서

— 피는 물보다 진한가?

옥문(獄門)이 여닫기듯
또 하루가 새고 저물고

너와 나 사대(事大)하여
갈라 선 단층(斷層)에서

한 탯(胎)줄 진하던 피는
물로 엷어 가는가

(『현대문학』, 1964. 1)

오(午)

찌응 터질 듯 팽창한
대낮 고비의 정적(靜寂)

읽던 책을 덮고
무거운 눈을 드니

석류꽃 뚝 떨어지며
어데선가 낮닭소리.

휴화산(休火山)

일찌기 천(千)길 불길을
터뜨려도 보았도다

끓는 가슴을 달래어
자듯이 이 날을 견딤은

언젠가 있을 그날을 믿어
함부로 하지 못함일레.

        (『시조문학』 6집, 1962. 11)

맥령(麥嶺)

벗어도 싱싱한 산(山)들
둘러 서 바람을 막고

기름같은 강(江)을 낀 들에
보리 익어 만경(萬頃)인데

고랑진 저 초가들 지붕에
황토(黃土)빛 더딘 한낮.

(1967. 6)

낙목(落木)

그 새들 낙엽과 더불어 가고 외로 남은 낙목(落木)
칼날같은 하늬바람 별들도 아파 떠는데
지긋이 체온(體溫)을 다스리며 지심(地心)으로 뻗는 뿌리.

주름은 풍상(風霜)의 사연 함묵(含默)은 오히려 믿음일래
동지(冬至)의 긴 긴 밤도 이젠 닭이 울었거니
어덴가 한 걸음 한 걸음 오고 있을 봄이여.

얼었던 물길이 풀린듯 이 혈관(血管)의 가려움은
머잖은 봄을 기미챈 재빠른 꽃들의 정(精)이
제마다 맹동을 서둘러 스멀대는 낌샌가.

진실로 나는 모르네 이 벌판에 내가 섬을
상춘(常春)의 남녘 다 두고 나도 모를 나의 우연(偶然)에
아손(兒孫)들 또한 여기에 심그저야 하련가.

『현대문학』, 1962. 1)

발자욱

봄은 화려(華麗)해 미웠고
가을은 투명(透明)이 싫었다

추억처럼 눈이 쌓이고
불빛 머나 먼 밤을

한 자욱 한 자욱 네가 고이며
나는 걷기만 하네.

(『현대문학』)

손길

바람 한번 스쳐만 주면
와르르 필 저 꽃망울들

가슴으론 이리 느낌을
그대 손길 와 닿질 않네

절벽(絶壁)서 내리뛰듯 그렇게
피고 지라 지고 피라

(『연간시조』,『예총 경북』, 1967. 10. 26)

환(幻)

모두들 가고만 있는데
너도 나도 가고만 있는데

무엇인가 무엇인가
자꾸만 오는 것 있다

하늘은 노상 저렇게
허벌레 웃고만 있고

(『현대문학』)

제3부 청우(聽雨)

청우(聽雨)

—1961년 가을, 미소원폭실험경쟁(美蘇原爆實驗競爭)에
 즈음해서

무상(無常)을 타이르는
가을 밤 비소린데

서로 죽임을 앞서려
뿌리는 방사능진(放射能塵)

두어도 백년을 채 못할
네나 내가 아닌가.

(『시조문학』, 1961)

문(門)

모두 잠겨진 문
여긴 안인가 밖인가

문들에 에워싸여
문이 없이 헤맴이여

아직 내 몸피를 모르는 채
하염없는 흰 머리.

(『한국시조집』,『경북예총』, 1967. 11)

겨울

집마다 잠겨진 창(窓)들
너 마저 가슴을 닫고

겨울은 절지(絶地)인양
바람보다 고독이 춥다

언제로 비롯 했던가
서로 담 쌓 살기를.

(『현대문학』, 1961)

가을

내 머리 이미 희고
가을이 또한 깊다

산야(山野)에 열매 다 염글어
젖줄들을 놓았도다

이제 내 허허 웃는 일밖에
무슨 일이 있으랴.

(『현대문학』)

정좌(靜坐)

설청(雪晴) 부신 창(窓)을
스미듯 처맛물 소리

조용히 먹[墨]을 갈아
붓에 먹이며 먹이며

마주한 옥판선지(玉板宣紙)의
보살같은 살결이여.

(1966. 12. 30. 作.『경북예총』, 1967.『한국시조선집』, 1967)

영위(營爲) · 1

피기로 마련이었기
꽃들은 피어 있을 뿐

뉘 피래서 핌이 아닐레
뉘 보라 핌은 더욱 아닐레

너나 내 이 날에 사는 일
무얼 따져 하리야.

하(河)

어떻게 살면 어떠며
어떻게 죽으면 어떠랴

나고 살고 죽음이 또한
무엇인들 무엇하랴

대하(大河)는 소리를 걷우고
흐를대로 흐르네.

매화(梅花)

아프게 겨울을 비집고
봄을 점화(點火)한 매화(梅花)

동 트는 아침 앞에
혼자서 피어 있네

선구(先驅)는 외로운 길
도리어
총명이 설워라.

(1965. 2. 2. 作.『약진경북』1966. 4)

난(蘭)

벌 나빈 알리없는
깊은 산(山) 곳을 가려

안으로 다스리는
청자(靑瓷)빛 맑은 향기

종이에 물이 스미듯
미소(微笑)같은 정(情)이여.

국화(菊花)

모두들 청춘(青春)을 피는데
호올로 아껴온 몸이

어느새 엷어진 하늘
속절없는 세월인가

맘이야 봄이라손들
나비 이미 가고 없네.

죽(竹)

곳 따라 매듭지어
헤풀가 가다듬고

안으로 가꾼 여백(餘白)
휘일망정 이겨 서서

옥(玉)같이 생애(生涯)를 다루어
철 다를 줄 몰라라.

(1965. 1. 作. 『약진경북』, 1966. 4)

송(松)

때는 있을 때 있을 뿐
아낌없이 피고 질진데

그 태양(太陽)의 계절(季節) 외면(外面)코
바늘처럼 도사린 잎들

빈 겨울 지지도 못하고
남아 떠는 솔이여.

(1966. 7. 28. 作. 『시문학』)

목련(木蓮)

물 스미듯 봄빛 아리는
동방(東方)의 하늘 받들고

실향(失鄕)의 방황(彷徨)들을
타이르듯 목련(木蓮)이 피네

추녀여 너의 가락은 없고
「재즈」가 소음(騷音)는 뜰.

(1966. 4. 作. 『시문학』, 1966. 8)

은행나무

낭만은 젊음의 꽃잎
그 낙화(落花)로 묻혀간 세월

아픔도 황홀도 다만
더딘 밤의 추억인가

너와 나 이제는 두 그루
덤덤히 선 은행나무.

(1967. 1. 2. 『약진경북』)

모과(木瓜)

날로 잃어가는
잃어 감도 모르는 지역(地域)

두툼턴 부노(父老)들의
풍도(風度)를 그리면서

마주한 모과(木瓜)나무에 한창
가을이 익고 있네.

(1966. 11. 25. 作. 『시조문학』 15집, 1967. 3)

석류(石榴)

토장맛 덤덤히 밴
석새 베 툭진 태생

두견은 섧다지만
울 수라도 있잖던가

말 없이 가슴앓이에
보라! 맺힌 핏방울.

(『부강경북』, 1968. 11)

코스모스

하늘빛 닮아 살며
사슴처럼 풀만 뜯은

목이 길던 그 순이는
세월이 묻었는데

석양(夕陽)에 발돋음해 선
코스코스 저 눈매.

(1967. 10. 28. 作. 『연간시조』)

진달래

봄을 산(山)에 불러
차라리 홀로타 저도

저자에 벌 나비와
하냥하지 못 하도다

외롬이 자랑일소랴
나도 모를 설운 태생.

무화과(無花果)

차마 꽃은 못 필레
그 아프디 아픈 파열(破裂)

은행(銀杏)처럼 바라만 보며
서로 앓긴 더 못 할레

차라리 혼자만의 응혈(凝血)로
열매하여 견딜레.

(1966. 12. 31. 作. 『약진경북』)

연(蓮)

사는 길 나름임을
곳을 탓하리오

그대 계시오면
어데도 낙지(樂地)이듯

진흙에 뿌리를 박고
보살처럼 웃는 연꽃.

달맞이꽃

툭 툭 어둠을 튀기며
달맞이꽃들 터지네

노란 불을 밝혀
귀여운 신호등(信號燈)이여

외가닥 직선(直線)만 말고
돌아도 가라 이르느뇨.

(1967. 9. 12)

제4부 달밤

나무

어이다 숲엘 못 끼이고
외따로히 늙는 나무

때로 새들 찾아와
재잘대단 가 버리네

어여쁜 나의 소녀(少女)여
나무처럼 섰는 나.

(1967. 9. 30. 作.『영남시조』)

여상(旅床)

이역(異域) 가을 밤은
두어도 엷은 잠을

비소리 벌레소리
또 멀리 기적(汽笛) 소리

그대는 듣지 말거라
꿈길 부디 곱거라.

(1962. 9. 作(대전))

비원(悲願)

저녁 노을 속에
첨탑(尖塔) 끝 치솟은 십자(十字)

천심(天心)은 겨눌수록
너무나 허공(虛空)인가

비원(悲願)은 절규(絶叫)를 견디어
깃발(旗)보다 아파라.

(1964. 1. 24. 作. 『현대문학』)

영위(營爲)·2

삶이란 애달픈 소모(消耗)
영위(營爲)의 시점(始點)을 찾아

오직 바람에 맡겨
허공(虛空)에 날려진 실끝

겨우 그 이룬 거미줄들의
무심히도 걷힘이여.

(1966. 12. 10. 作. 『매일신문』, 1967. 1)

유성(流星)·2

문득 유성이 지네
생멸(生滅)하는 갈림의 불티

허공(虛空)에 소실(消失)인가
만유(萬有)에 동화(同化)런가

그 모든 색상(色相)을 걷우어
하나 무(無)로 잠긴 밤.

(『시조문학』 14집, 1966. 9)

그네

발 구르면 솟았다가
도로 뒤로 물러나는

구르고 굴러야 하는
그네 길이 인생(人生)이면

삶이란 형벌(刑罰)일런가
<시시포스>의 바윗돌.

(『시조문학』 14집, 1966. 9)

세월

일찌기 산악(山岳)같은
크낙턴 불덩이로

세월에 삭고 부서져
흘러 내린 조각돌을

파도는 그마자 또한
모래토록 짓씹네.

(『시조문학』 14집, 1966. 9)
*『시조문학』에는 「침음」으로 발표됨.

이룸

아껴 아껴 핀 꽃
너무도 하늘이 싱겁네

하그리 애타던 동경도
황홀턴 떨리움도

혼야(婚夜)가 밝은 아침의
이룸이여 허전이여.

(1965. 1)

청추(聽秋)

아무리 여름이 더워도 싫단 말 다신 않을래
이 밤도 또 밤새워 우는 저 가을 벌레들 소리
더구나 우수수 잎들이 지면 어이 견딜가본가.

늘어난 나이의 부피로 잠은 밀려 갔는가
먼지처럼 쌓여지는 사념의 무게 아래
외롬이 애증(愛憎)을 걸러 낙화(落花)같은 회한(悔恨)들.

욕된 나날을 견디어 내 또한 이미 가을
눈을 감아보니 청산(靑山)한 벗들이 많다
고향도 잊어 이십 년(二十年) 이젠 먼 곳이 되었네.

열어 온 창(窓)들이 닫쳐 하늘과 내가 막혔네
유명(幽明)을 갈라 선 병풍(屛風),
그와 같은 먼 먼 거리(距離)
종잇장 한 겹에 가려 엇갈려 간 너와 나.

(1962. 9. 作(대전). 『시조문학』 6집, 1962. 11)

깃발(旗)

깃발(旗)! 너는 힘이었다. 일체(一切)를 밀고 앞장을 섰다
오직 승리(勝利)의 믿음에 항시 넌 높이만 날렸다
이날도 너 싸우는 자랑 앞에 지구(地球)는 떨고 있다.

온 몸에 햇볕을 받고 깃발(旗)은 부르짖고 있다
보라, 얼마나 눈부신 절대(絶對)의 표백(表白)인가
우러러 감은 눈에도 불꽃인 양 뜨거워라.

어느 새벽이더뇨 밝혀든 횃불 위에
때묻지 않은 목숨들이 비로소 받들은 깃발(旗)은
성상(星霜)도 범(犯)하지 못한 아아 다함 없는 젊음이여.

바람벌

그 눈물 고인 눈으로 순아 보질 말라
미움이 사랑을 앞선 이 각박한 거리에서
꽃같이 살아 보자고 아아 살아 보자고.

욕(辱)이 조상(祖上)에 이르러도 깨달을 줄 모르는 무리
차라리 남이었다면, 피를 이은 겨레여
오히려 돌아앉지 않은 강산(江山)이 눈물겹다.

벗아 너 마자 미치고 외로 선 바람벌에
찢어진 꿈의 기폭(起幅)인 양 날리는 옷자락
더불어 미쳐보지 못함이 내 도리어 섧구나.

단 하나인 목숨과 목숨 바쳤음도 남았음도
오직 조국(祖國)의 밝음을 기약함에 아니던가
일찍이 믿음 아래 가신 이는 복(福)되기도 했어라.

이단(異端)의 노래

높디 높은 하늘 아래 땅은 넓기만 하고
사람의 사랑과 노래 금수(禽獸)보다 복(福)되던 그날
목숨은 불꽃처럼 붉고 뜨겁기만 했으리라.

산(山)과 들과 물이 있는 곳 어데나 기름졌고
마시고 먹음이 모두 절로던 후예(後裔)여든
어이들 가슴을 앓으며 여위어만 가는가.

꽃같은 젊음인데 봄바람을 돌아서서
슬픔도 죄(罪)이런가 울 수조차 없는 터전
지구(地球)를 번쩍 쳐들어 던져 버리고 싶다.

금단(禁斷)의 동산이 어디오 지옥(地獄)도 오히려 가려니
생명이 죽음을 섬기어 핏줄이 욕(辱)되지 않으랴
차라리 이단(異端)의 자랑 앞에 내 나로서 살리라.

* 『竹筍』 10집에는 「너의 天國」으로 수록

봄은 한 갈래

일찌기 하늘로도 다스리지 못한 젊음을
한 가슴 감당치 못해 하 저리 쏘대는 춘풍(春風)
애정(愛情)은 고성(孤城)을 지키는 기폭(旗幅)인 양 괴롭다.

외롬을 자랑으로 구슬처럼 다듬으며
학(鶴)같이 늙자세라 두메에 사는 몸을
산(山)에도 봄은 한 갈래 하냥 꽃 피고 새 우네.

너 앞에

한바탕 웃음으로 쉽게 살아온 내
어이다가 이리도 잠 못는 몸 되었을꼬
이 목숨 차라리 너 앞에 던져 버리고 지라.

하 이리 너를 아끼어 말 한번 차마 못한 채
쓸고 쓸어도 정은 쌓여만 가오
이 날도 너를 생각는만으로 보람하여 살꺼나.

(『竹筍』 8집, 1948. 3)

영어(囹圄)

벽에 옮아지는 가느다란 햇볕을 지켜
오늘도 진 종일 시간을 징험타가
불현듯 하늘이 보고파 발돋음을 하였다.

아직도 짐승이 다 되지 못했는가
바람결 풍겨 드는 봄의 내음새에
한 가슴 와락 치미는 이 어이런 정(情)이뇨.

가만이 헤어보니 진달랜 이미 지고
강(江)마을 살구꽃이 제철로 곱겠구나
어머님 날 생각하시고 그 얼마나 우시랴.

날 새면 저물기를 저물면은 또 새기를
다만 바램이란 셋끼의 끼니 뿐이
목숨이 진정 목숨이 욕되기도 하여라.

달밤

낙동강(洛東江) 빈 나루에 달빛이 푸릅니다
무엔지 그리운 밤 지향없이 가고파서
흐르는 금빛 노을에 배를 맡겨 봅니다.

낯익은 풍경(風景)이되 달 아래 고쳐 보니
돌아올 기약 없는 먼 길이나 떠나온 듯
뒤지는 들과 산(山)들이 돌아돌아 뵙니다.

아득히 그림 속에 정화(淨化)된 초가집들
할머니 조웅전(趙雄傳)에 잠들던 그날밤도
할버진 율(律) 지으시고 달이 밝았더니다.

미움도 더러움도 아름다운 사랑으로
온 세상 쉬는 숨결 한 갈래로 맑습니다.
차라리 외로울망정 이 밤 더디 새소서

밤길

홀로 가는 길은 도리어 밤길이 좋아
다만 별빛을 밟으며 걷는 길만은
오로지 나의 얼굴로 갈 수 있는 길일레.

밤은 고향처럼 미덥고 너그럽다
삶도 죽음도 은밀히 고와지고
어딘가 날 바래 하는이 있음직만 하여라.

끝내 젊었던 넋의 차마 못 감는 눈들인 양
자칫 꺼질듯 꺼질듯 가슴 조이는 별빛
이 밤도 저렇게 하늘은 잠 못 들어 하는구나.

올빼미 한 마리 우지 않는 산(山)은 무겁다
물소리 더불어 길은 돌아지고
바람만 앞서락 뒤서락 나를 함께 하도다.

첫 설움

날마다 낙일(落日)을 보고
앉았는 소녀(少女)가 있어

이젠 버릇되어
쳐다 보는 창(窓)이

유리(琉璃)만 알알이 탈 뿐
열려 있지 않았다.

(『竹筍』 11집, 1949. 7)

금

차라리 절망(絶望)을 배워
바위 앞에 섰습니다.

무수한 주름살 위에
비가 오고 바람이 붑니다

바위도 세월이 아픈가
또 하나 금이 갑니다.

* 『이호우 시조집』에는 「바위 앞에서」로 수록

살구꽃 핀 마을

살구꽃 핀 마을은 어디나 고향같다
만나는 사람마다 등이라도 치고지고
뉘집을 들어서면은 반겨 아니 맞으리.

바람 없는 밤을 꽃그늘에 달이 오면
술 익는 초당마다 정이 더욱 익으려니
나그네 저무는 날에도 마음 아니 바빠라.

수평선(水平線)

어느 먼 전설(傳說)처럼
나를 불러 저 수평선(水平線)

온갖 꿈 다 싣고
가도 가도 물러만 서드니

저물어 돌아 오는 길
와도 와도 따라 오네.

> 해설

이호우의 시 세계

김 인 환

고려대 교수

　많은 사람이 인정하고 있는 바이지만 시조 율격의 특징은 독특한 종지법에 있다. 조선시대의 시조시인들은 순차 관계나 호응관계가 요구되는 경우에는 연시조의 마지막 수에만 종지법을 사용하였고 부분의 자립성이 허용되는 경우에는 각 수마다 종지법을 사용하였다. 윤선도가 「오우가(五友歌)」에서 채택한 방법은 부분의 자립성을 강조하여 독립된 단위들의 내면적 상호작용을 중시하는 것이었으나 윤선도의 「어부사시사(漁父四時詞)」를 구성하고 있는 40수의 시조들 가운데 일반적 종지법을 따르고 있는 것은 「어부사시사」를 종결하는 제40수만이다. 제1수부터 제39수까지의 셋째 행은 평시조의 일반적 종지법이 아니고, 첫째·둘째 행과 동일한 율격을 지니고 있는 것이다. 윤선도는 「어부사시사」 전체의 긴밀한 호흡을 유지하고 의미의

통일성을 획득하기 위하여 마지막 수를 제외한 서른아홉 수에서 평시조의 셋째 행이 지닌 완결의 율격을 피하였다. 시조가 4음보의 3행시라는 데 이의를 제기할 사람은 없다. 문제는 셋째 행의 종지법을 어떻게 설명할 것인가에 있다. 첫째 행과 둘째 행의 네 음보를 구성하는 음절 수는 대체로 비슷하다. 그러나 셋째 행의 네 음보를 구성하는 음절 수는 a<b>c>d와 같이 둘째 음보의 음절 수가 현저하게 길다. 셋째 행의 둘째 음보는 대체로 두 개의 호흡 단락으로 나누어져서 시조의 셋째 행은 다섯 음보로 구성되어 있다고 보아야 할 듯도 하다. 시조의 음보에는 강음보와 약음보가 있다. 3천 수 이상의 시조를 낭송해 본 결과 그 첫째 행과 둘째 행에서는 앞의 반행(半行)을 강하게 읽고 뒤의 반행을 약하게 읽는 것이 자연스럽게 들렸으며, 행을 구성하는 네 개의 음보들은 약 강 약 강으로 읽는 것이 자연스럽게 들렸다. 그런데 셋째 행에서는 이러한 율격의 구조가 완전히 역전된다. 약한 반행이 먼저 오고 강한 반행이 뒤에 오며, 행 전체의 음보수가 네 음보에서 다섯 음보로 확장되어 다섯 개의 음보들을 강 강 약 강 약으로 읽는 것이 자연스럽게 들렸다. 물론 이러한 음보의 확장은 심층 율격에서만 나타나며 표면 율격에서는 대부분의 경우에 네 음보 형태로 율독해도 무방하다. 각운을 사용하지 않고 율격 자체의 변화를 통하여 종지법을 나타낸다는 점에서 시조의 율격은 세계에 달리 유례를 찾아볼 수 없는 탁월한 시 형식이다.

  운율이 미리 결정되어 있기 때문에 시조를 짓는 사람은 운율에 신경을 쓰지 않고 오직 예사롭지 않은 표현을 만드는 데만 공을 들이면 된다. 4음보 3행이라는 율격의 형식이 시인의 수고를 많이 덜어주는 것이다. 시를 읽다 보면 우리가 보통 사용하는 문장 속에는 잘 나타나지 않는 유난스러운 표현이 눈에 띄게 마련이다. 문장의 형식 자체가 이상하거나 어색한 것은 전혀 아님에도 불구하고 일상생활에서 주고받는 문장 속에서는 함께 나타나지 않는 낱말들이 서로 자연스럽게 관계되어 있는 모습을 보게 된다. 한시에는 자안(字眼)이라는 것이 있다. 시의 눈이라고 옮길 수 있는 자안이 없으면 시다운 시가 되지 못한다. 고려시대 강일용(康日用) 같은 시인이 백로가 나는 모습을 본 경험을 "날아서 푸른 산의 허리를 베었다(飛割碧山腰)"고 기록하여 '할(割 : 가른다)' 한 글자로 큰 산의 중턱이 끊어져 두 동강으로 갈라지는 이미지를 구성한 것은 실로 놀라운 바 있다. 여기서 "백로가 난다"는 이미지를 받는 문장이고 "푸른 산의 허리를 벤다"는 이미지를 주는 문장이다. 한시의 경우에는 자안이 한 글자이지만, 우리 시의 경우에 시의 눈은 한 낱말일 수도 있고 시의 한 줄일 수도 있고 시의 한 연일 수도 있다. 시를 읽다가 한 낱말 때문에 시의 한 줄이 살아나는 느낌을 받는다면 그것이 시의 눈이다. 시의 한 줄 때문에 하나의 시연이 살아나는 느낌을 받는다면 그것이 시의 눈이다. 시의 한 연 때문에 한 편의 시 전체가 살아나는 느낌을 받는다면 그것이 시의 눈이다. 시를 읽는 것은 시의 감정과 나의 감정을 일치시키는 것이고 시의 눈과 나의 눈을 맞추는 것이다. 눈을 맞추지 않고 사랑할 수 없듯이 시와 눈을 맞추지 못하는 사람은 시를 사랑할 수 없다. 시의 눈은 대개 비유로 되어 있다. 비유는 서로 겯고 트는 두 문맥의 상호침투이다. 비유에는 둘 이상의 사실이 관련되는데, 그것들은 폭과 깊이, 부피와 운동을 지니고 있는 문맥들이다. 그곳에는 핵심이 되는 낱말이 있을 수 있으나 그 핵심되는 낱말은 전자장과 비슷한 물결 무늬를 그리면서 주위로 파동쳐 나아간다. 이러한 둘 이상의 문맥이 서로 연결되고 대립되며, 화합하고 투쟁함으로써, 보통의 독자가 예상하지 못했던 새로운 방식의 문맥으로 형성되는 것이다.

꽃이 피네 한 잎 한 잎/ 한 하늘이 열리고 있네

마침내 남은 한 잎이/ 마지막 떨고 있는 고비

바람도 햇볕도 숨을 죽이네/ 나도 아려 눈을 감네.

(『현대문학』, 1962.)
―「개화(開花)」 전문

세 행이 아니라 세 연으로 되어 있으나 4음보로 율독(律讀)하는 데는 큰 어려움이 없다. 세 부분에 모두 비유가 들어 있다. 첫째 연에서는 "꽃이 핀다"가 이미지를 받는 문장이고 "하늘이 열린다"가 이미지를 주는 문장이다. 둘째 연에서는 "마침내 남은 한 잎"이 이미지를 받는 구절이고 "마지막 떨고 있는 고비"가 이미지를 주는 구절이다. 셋째 연에서는 '바람과 햇볕'이 이미지를 받는 단어이고 '숨'이 이미지를 주는 단어이다. 개화(開花)와 개벽(開闢)을 같은 이미지로 파악하는 시인의 직관은 낱낱 미립자 속에 우주가 있다는 불교의 세계 이해와 통한다. 우리의 의식과 판단은 꽃을 작다고 생각하고 하늘을 크다고 생각한다. 전체는 크고 부분은 작다는 데 대하여 의심하는 사람은 없다. 그러나 느낌의 세계에서는 부분이 반드시 전체보다 작다고 단언할 수 없다. 여자의 눈길이 여자의 몸 전체만큼이나 나의 감정을 사로잡을 수 있기 때문이다. 생각의 대상으로는 전체가 부분보다 중요하지만 느낌의 대상으로는 부분도 전체만큼 중요하다. 온갖 생물과 무생물을 자연이라고 부르는 경우에 인간의 몸과 느낌과 직관도 자연의 일부라고 할 수 있다. 사람의 몸과 직관은 자연의 리듬에 따라서 움직이고 있다. 몸과 느낌에 비하여 의식과 판단은 시기로 보아도 늦게 발생했을 뿐 아니라 기능으로 보아도 몸의 리듬과 자연스러운 느낌을 방해하고 억제한다. 시인의 순수한 직관은 꽃잎 하나하나의 움직임에서 생명의 탄생을 보고 봉오리의 마지막 꽃잎이 열릴 차비를 하고 떠는 순간을 우주가 완성되는 절정으로 느낀다. 꽃의 절실한 소원과 시인의 간절한 바람이 일치되는 이 순간에는 거룩한 영원이 깃들여 있다. 만물이 축복하는 이 순간을 끝까지 보지 못하고 나는 알알하게 쓰린 눈을 감는다. 꽃이 필 때까지 기다린다는 것은 온갖 정성을 다 바쳐야 하는 일이다. 그것은 아마 평생에 한두 번 경험하기 어려운 일일 것이다. 눈을 크게 뜨고 너무나 오랫동안 기다려 왔기 때문에 나의 눈은 아리고 쓰리다. 나뿐 아니라 바람과 햇볕에게도 꽃이 피는 것을 보는 경험은 늘 있는 사건이 아니다. 그들도 숨을 죽이고 봉오리가 활짝 열리기를 간절히 고대하고 있다. 그러나 내가 눈을 감는 것은 눈이 아파서만은 아니다. 내가 눈을 감는 것은 나의 시선이 행여나 개화에 해가 되지나 않을까 하는 염려 때문이다. 의식과 판단을 가지고 있는 인간은 자연의 리듬을 온전히 보존하려면 의식과 판단을 작게 해야 한다. 눈을 감는 행동은 의식과 판단의 방해를 제거하는 데 그 목적이 있을지도 모른다.

    낙동강(洛東江) 빈 나루에 달빛이 푸릅니다
    무엔지 그리운 밤 지향없이 가고파서
    흐르는 금빛 노을에 배를 맡겨 봅니다.

    낯익은 풍경(風景)이되 달 아래 고쳐 보니

돌아올 기약 없는 먼 길이나 떠나온 듯
뒤지는 들과 산(山)들이 돌아돌아 뵙니다.

아득히 그림 속에 정화(淨化)된 초가집들
할머니 「조웅전(趙雄傳)」에 잠들던 그날밤도
할버진 율(律) 지으시고 달이 밝았더니다.

미움도 더러움도 아름다운 사랑으로
온 세상 쉬는 숨결 한 갈래로 맑습니다.
차라리 외로울망정 이 밤 더디 새소서

― 「달밤」 전문

　이호우(1912~1970)에 의하면 아름다움이란 의식과 판단을 작게 할 때 자연이 인간에게 주는 선물이다. 첫 연의 비유를 구성하는 것은 푸른 달빛과 금빛 노을의 상호작용이다. 달빛이 강에 가득 차 있기 때문에 "강물이 푸르다"고 하는 대신에 "달빛이 푸르다"고 하였고 "강물에 배를 맡긴다"고 하지 않고 "금빛 노을에 배를 맡긴다"고 하였다. 이미지를 받는 말은 강물이고 이미지를 주는 말은 달빛과 금빛 노을인데, 금빛 노을은 달빛의 환유이다. 어디론가 지향 없이 가고 싶어하는 심정은 '지금 여기'에 대한 불만의 표현이다. 더 나은 미래 또는 더 좋은 세상이 동경의 대상이 되는 것이다. 그러나 이 시에서 시인이 그리워

하는 것은 좋은 미래가 아니라 좋았던 과거이다. 공간으로 보면 고향으로부터 멀어지지만 시간으로 보면 오히려 고향에 가까워진다. 달빛 속에 깃든 마을을 돌아보며 시인은 마을이 바라보이는 거리를 돌아갈 기약도 없이 떠나온 먼 길로 느끼고 들과 산을 눈여겨 들여다보며 과거의 초가집들을 미래의 그림으로 옮겨놓는다. 거리가 마을을 낯설게 하고 마을의 모습을 새롭게 드러낸다. 노자의 말대로 가장 먼 여행은 귀향(遠則反)이다. 진정한 미래는 다시 찾은 시간이고 창조란 잃어버린 시간을 찾는 실험이다. 미래로 가는 길과 과거로 가는 길이 만나 하나로 통하는 것이다. 나는 이 시처럼 문학이 자연과 하나가 되어 있는 시를 달리 알지 못한다. 할머니는 「조웅전(趙雄傳)」을 읽으시고 할아버지는 한시를 지으신다. 책을 읽다 주무시는 할머니에게 이야기책은 목마르면 마시는 물과 같이 자연의 일부이고, 달과 어울리는 초가집처럼 할머니와 벗하는 할아버지의 여덟 줄 한문시도 달의 친구가 되는 하나의 사물이다. 이 시에서 인간과 사물, 문학과 자연은 대등한 관계로 숨결을 주고받는다. 의식과 판단이 작아져서 인간이 자연의 질서 속에 완전히 편입되는 이러한 순간은 누구에게나 지복(至福)의 순간이 아닐 수 없다. 미움과 더러움을 품에 안아 아름다움으로 녹여내는 사랑의 신비! 그러나 이호우에게 이 행복의 순간은 예외적으로 고독할 때에 허무('빈 나루')의 느낌을 통해서만 찾아온다. 「밤길」에서 이호우가 "밤은 고향처럼 미덥고 너그럽다"고 말할 때 그가 의미하는 것은 정직하지도 않고 관대하지도 않은 세상의 형편이다. 만나는 사람마다 등이라도 치고 뉘 집을 들어서나 반겨 맞던 고향은 이미 사라졌다. 1949년에 남로당 도간부라는 모략을 받고 영어(囹圄)의 몸이 된 이호우는 그때를 회상하며 "진정 목숨이 욕되기도 하여라"하고 탄식한다.

    그 눈물 고인 눈으로 순아 보질 말아라
    미움이 사랑을 앞선 이 각박한 거리에서
    꽃같이 살아 보자고 아아 살아 보자고

    욕이 조상에 이르러도 깨달을 줄 모르는 무리
    차라리 남이였다면, 피를 이은 겨레여
    오히려 돌아앉지 않은 강산이 눈물겹다

    벗아 너마저 미치고 외로 선 바람벌에
    찢어진 꿈의 기폭인양 날리는 옷자락
    더불어 미쳐보지 못함이 내 도리어 섧구나.

    단 하나인 목숨과 목숨 바쳤음도 남았음도
    오직 조국의 밝음을 기약함이 아니던가
    일찍이 믿음 아래 가신 이는 복되기도 했어라
                                        ─「바람벌」전문

1955년 대구대학 신문에 실린 이 작품은 반공법에 저촉되어 이호우가 기소되는 사건을 초래하였다. 이 시의 네 연은 모두 하나씩의 사건들을 이야기하고 있다. 첫째 연에는 모질고 각박한 세상에서 착하게 살려다 좌절한 소녀가 등장한다. 남을 해치고서라도 저만 잘되겠다는 사람들 사이에서 꽃같이 살아보자는 다짐은 절망에 이르는 길이 될 뿐이다. 어찌할 수 없는 세상에 던져진 소녀는 환멸 속에서 사랑과 희망을 체념하고 포기하게 된다. 시인은 차마 그 소녀의 눈물 어린 눈을 바라보지 못한다. 둘째 연에는 패거리를 만들어 생사를 걸고 싸우는 무리들이 등장한다. 그들은 피를 이은 겨레붙이임에도 불구하고 서로 학살을 서슴지 않는다. 시인은 그것을 보면서 그 무리들이 남이었다면 차라리 마음이 덜 고통스러웠으리라고 상상해 본다. 이 못된 민족은 서로 싸우느라고 하늘과 땅을 다 망쳐버렸다. 그러나 강산은 이들을 외면하여 돌아앉지 않고 끝까지 이들의 터전이 되어준다. 이들은 남의 사정을 헤아릴 줄 모를 뿐 아니라 조상들의 마음을 짐작할 줄도 모른다. 저만 앎과 저밖에 모름은 인간의 구원악이다. 셋째 연에는 만인이 만인을 증오하는 세상과 싸우다 미쳐버린 친구가 등장한다. 결딴난 세상에서는 미친 사람만이 진리를 볼 수 있다. 사랑과 빛을 교환하는 세상에 대한 꿈은 산산이 깨어지고, 바람 부는 벌판에 서서 옷자락을 날리며 시인은 친구처럼 미치고 싶다는 심정을 억누르지 못한다. 이 연에서 옷자락은 이미지를 받는 말이고 찢어진 기는 이미지를 주는 말이다. 기폭이 날리고 옷자락이 날리는 것은 힘찬 모습이 아니라 불안하고 위태로운 심정을 나타내고 있다. 기는 찢어지고 꿈은 사라졌다. 인간은 자신에게 고유한 가능성을 이해하고 있을 때에만 불안이나 절망에 떨어지지 않을 수 있다. 넷째 연에는 나라 잃은 시대의 광복지사들이 등장한다. 그분들은 광복(光復), 즉 조국의 밝음을 확고하게 믿었다. 그분들에게는 생멸이나 불생멸이 문제가 되지 아니하였다. 광복 하나를 위해 일심으로 걸어오신 그분들은 목숨을 바치는 것이 살아남는 것보다 더 고귀한 행동이라고 생각하지 않았다. 그분들에게 중요한 것은 생과 사의 차별이 아니라 일심으로 광복에 공들이는 정성이었다. 그 분들은 무엇보다 저만 앎 없으므로 겨레의 스승이 될 수 있었다. 「바람벌」은 나라 잃은 시대에 광복의사들이 필요했듯이 국토가 분단된 시대에는 통일지사(統一志士)들이 필요하다는 주제를 간접적으로 포함하고 있다. 이러한 주제가 반공법에 저촉되는 시대도 있었다는 사실은 놀랍기 그지없다. 미움이 사랑을 앞선 시대를 거슬러 나아가지 않으면 누구도 시인이 될 수 없을 것이다. 「이단의 노래」에서 이호우는 "차라리 이단의 자랑 앞에 내 나로서 살리라"고 선언하고 "슬픔도 죄이런가 울 수조차 없는 터전"에 반항하여 "지구를 번쩍 쳐들어 던져 버리고 싶다"고 분노한다. "생명이 죽음을 섬기어 핏줄이 욕된" 나라라는 것이 이호우의 현실 인식이다. 그는 사대(事大)와 독재가 나라를 망치고 있다고 보았다. 그는 분단이 원인을 사대에서 찾았다. 이 땅은 "너와 나 사대하여 갈라선 단층(斷層)"(「단층에서」)이다. 이 땅에서 허용되는 것은 빈곤의 자유뿐이다.

> 날로 높는 주문(朱門)들의 밟고 선 밑바닥을
> 자유로 싸맨 기한(飢寒) 낙엽마냥 구르는데
> 상기도 지열(地熱)을 믿으며 씨를 뿌려 보자느뇨.
> —「또다시 새해는 오는가」 부분

붉은 칠을 한 주문은 지위가 높은 벼슬아치들의 집을 가리킨다. 독재자와 그 주구들이 자유선거를 방해하고 경제 원리를 교란하는 나라에서 대중은 떨어져 구르는 낙엽처럼 춥고 배고프다. 독재국가의 허울뿐인 자유주의는 굶주릴 자유와 타락할 자유 이외의 모든 자유를 억압하고 처단한다. 낙엽은 이미지를 주는 말이고 이미지를 받는 말은 대중이다. 지구 속에 원래 있는 열은 자연의 질서를 상징한다. 자연 또는 원료에 도구 또는 기계를 통하여 스며드는 인간의 땀을 사회적 노동이라고 하거니와 모든 노동은 자연을 인간화함으로써 받는 것보다 많은 것을 만들어낸다. 씨 뿌리고 밭을 일구는 농민의 노동도 잉여가치를 산출하고 그 잉여가치가 도시로 흘러간다. 정부는 미국의 잉여농산물을 수입하고, 중간상인들은 생산자 판매가격과 소매상 판매가격의 차액을 확대시켜 잉여노동뿐 아니라 필요노동까지 착취되면 농민의 노동은 보람 없는 고통으로 전락한다. 자연은 항상 노동의 가치를 인정하고 유용한 효과를 제공하지만 독재와 사대는 농민의 노동을 천한 노역으로 만들고 정당한 보수를 착취한다. 노동에 보수가 따르는 것은 자연의 질서이다. 인간에게 일하고 마시고 먹음보다 더 자연스러운 것은 없다. 독재와 독단이 "두어도 백년을 채 못할"(「청우」) 인간을 죽이려고 뿌리는 방사능진처럼 저절로 흘러가는 자연의 리듬을 파괴한다고 보는 점에서 이호우의 현실 인식과 현실 비판은 사뭇 노자에 가깝다. 자연의 질서에 근거하여 사회의 모순을 비판하면서도 생활에 밀착함으로써 사고의 고공비행을 피하는 이호우의 시각은 노자를 현대사회의 시민으로 살려내었다. 창조적 직관을 정확한 개념과 규칙적 음악으로 번역해야 하는 시조의 형식으로 현실에 접근하려면 수천 년의 시간을 견뎌 낸 고저의 사유체계에 의존하지 않을 수 없었을 것이다. 이호우의 노자는 현학과 감상이 철저하게 배제된 노자이다. 이호우의 시조는 시조의 형식을 보존하면서 자연과 사회의 여러 국면을 다양하게 포섭하였다. 가라므이 제자로서 섬세한 직관을 가람과 같이하지만 현실 인식에서는 가람보다 한 걸음 나아갔다고 평가할 수 있을 것이다.

이호우 연보

1912년 3월 2일(음) 경북 청도군 대성면 내호동(현재 청도읍 내호리) 259번지 부(父) 경주이씨(慶州李氏) 종수(鍾洙)와 모(母) 구봉래(具鳳來) 사이의 2남 2녀 중 차남으로 출생. 필명 이호우(爾豪愚).

1924년 향리의 의명학당(義明學堂)을 거쳐 밀양 보통학교 졸업. 경성제일고등보통학교 입학.

1928년 신경쇠약증세로 낙향.

1929년 일본 동경 예술대학에 유학.

1930년 신경쇠약증세 재발과 위장병으로 학업 포기, 귀국.

1934년 경북 칠곡의 김해김씨(金海金氏) 진희(晋熙)의 영애 순남(順男)과 결혼.

1935년 장남 상붕(相鵬) 출생.

1936년 시조 「영춘송(迎春頌)」으로 동아일보 신춘문예 당선작 없는 가작 입선. 이후 40년 추천 전까지 동아일보 독자투고에 「낙엽(落葉)」, 「진달래」, 「새벽」 등을 투고, 선을 맡은 이병기(李秉岐) 선생이 엽서를 보내 문장지 추천제를 안내함.

1937년 차남 상린(相麟) 출생.

1940년 시조 「달밤」이 추천됨 『문장(文章)』 6, 7월합호 이병기(李秉岐) 추천)

1941년　3남 상국(相國) 출생. 이 때부터 45년까지 고향에서 정미소 삼공상회(三共商會), 만물상, 재제소 흥아림업회사(興亞林業會社) 등을 경영.
1946년　고향의 가산을 정리하여 대구 대봉동으로 이사. 이후 한 때 대구고등법원 재무과장, 적산인 문화극장의 사무국장.
1949년　남로당 도간부로 모략을 받아 군법회의에서 사형언도를 받음.
1950년　봄에 무죄로 석방됨. (당시 대통령 비서실장인 시인 김광섭(金光燮)의 진언으로 석방)
1952년　이후 대구일보 문화부장, 논설위원, 서울지사장.
1953년　대구시 화전동 43번지로 이사.
1954년　윤계현(尹啓鉉)과 함께『고금명시조정해(古今名時調精解)』(문성당), 발행인 주인룡(朱仁龍) 출간.
1955년　시조「바람벌」대구대학보(현, 영남대) 발표, 이 작품이 반공법에 저촉 기소. 첫 시조집『이호우시조집(爾豪愚時調集)』(영웅출판사)에 시조 70편(6·25전까지의 작품) 수록.
1956년　경북문화상(문학부문) 수상.
1956년　4월부터 익년 7월까지 대구매일신문 편집국장.
1958년　매일신문 편집국장 재취임.
1958년　KNA 납북사건 때 매일신문 사설로 필화.
1960년　경북반민주행위자 조사위원회위원, 이후 일체 공직에 나가지 않음. 대구시 대명동 1805번지(청구주택 60호)로 이사.
1961년　청마 유치환과 전국예술단체 총연맹(예맹) 결성.
1967년　영남시조문학회 초대회장.

1968년 시조집 『휴화산(休火山)』(중앙출판공사) 간행.
1970년 1월 6일 대구 동문다방을 나와 귀가 중 심장마비로 졸도, 경대부속병원으로 옮기는 중 타계.
1970년 1월 10일 10시 협성상고 교정에서 문인장 거행(밀양군 상동면 선영 안장).
1972년 1월 6일 대구 앞산공원 이호우시비 제막.
1991년 이호우 시조문학상 운영 위원회 발족.
1992년 이호우 시조문학상 기금마련전시회.
1992년 1월 6일 이호우 시조전집 『차라리 절망을 배워』(그루) 간행.
1992년 1월 제1회 이호우 시조문학상 시상.
1992년 12월 25일 이호우 문학기념 시조문학지 『개화(開花)』 창간(創刊).
2000년 11월 25일 제10회 이호우 시조문학상 시상식과 『개화(開花)』 9집을 발간하고 30주기 추모행사로 <이호우 시조문학의 밤> 행사 개최.

참고문헌

신용대,「李鎬雨時調의 硏究」, 고려대 교육대학원 석사학위논문, 1977.
주강식,「한국현대시조의 문제론적 연구-가람과 이호우를 중심으로」, 동아대 대학원 석사학위논문, 1982.
유준호,「이호우론」, 충남대 교육대학원 석사학위논문, 1984.
하장수,「이호우 시조연구」, 영남대 교육대학원 석사학위논문, 1984.
염창권,「이호우 시조연구」, 한국교원대 대학원 석사학위논문, 1990.
윤일광,「이호우 시조연구」, 동아대 대학원 석사학위논문, 1992.
강호연,「이호우 시조연구」, 경남대 대학원 석사학위논문, 1994.
예병태,「이호우 시조연구」, 한국교원대 대학원 석사학위논문, 1996.
김우연,「이호우 시조의 개작과 현대적 변모에 대한 연구」, 영남대 교육대학원 석사학위논문, 2000.
김제현,「이호우론」,『현대문학』, 1970. 3.
김윤식,「이호우론」,『현대문학』, 1970. 8.
서 벌,「이호우의 시」,『현대시학』, 1973. 10.
정재호,「이호우론-선생의 인간과 문학」,『시조문학』, 1976. 겨울.
한춘섭,「爾豪愚論」,『시조문학』, 1976. 겨울.

이우종, 「현대명시조 순례(爾豪愚와 草汀)」, 『시조문학』, 1978. 여름.

원용문, 「이호우와 작품연구」, 『배달말』 6. 181

채규판, 「이은상과 이호우의 전통의식」, 『한국현대시인론』, 심구당, 1983.

임종찬, 「이호우 시조의 시적변모」, 『시조문학』, 1986. 봄.

정재익, 「이호우 시인의 생애와 문학정신」, 『시조생활』 창간호(1989).

김 종, 「이호우론」, 『현대시조』, 1991. 여름.

문무학, 「爾豪愚 소년시조 발굴」, 『현대시조』, 1991. 겨울.

이종기, 「이호우 시조집을 보고」, 『연합신문』, 1955. 7. 1.

김윤성, 「이호우 시조집평」, 『한국일보』, 1995. 7. 14.

이화진, 「명작의 고향」, 『대구일보』, 1966. 7. 3.

김용성, 「문학사탐방(12)-바라벌의 이호우」, 『한국일보』, 1982. 8. 28.

이태수, 「명작의 산실-이호우」, 『대구매일신문』, 1986. 3. 29.

정혜원, 「이호우론」, 『현대시조의 새로운 위상제시』, 『시조시학』, 1993. 여름.

장식환, 「이호우 시조연구」, 『영진전문대학 논문집』 제18집, 1996.